KAIZEN

Il pensiero giapponese delle piccole abitudini per grandi cambiamenti - Sviluppa la tua crescita personale al fine di migliorare te stesso ed il tuo business

di Makoto Caputo

Il tuo regalo gratuito

Per ringraziarti del tuo acquisto, voglio regalarti un bonus gratuito esclusivo, dedicato solo ai lettori dei miei libri.

Scaricando questo bonus avrai a disposizione un personal planner con cui potrai organizzare al meglio le tue attività in ogni singola ora della giornata e della settimana, in modo da aumentare la tua produttività e raggiungere il successo quanto prima possibile.

Clicca sul seguente link per accedere al regalo che ho creato appositamente per te!

https://makotocaputoconsulting.gr8.com/

SOMMARIO

MAKOTO CAPUTO

Makoto Caputo è un imprenditore classe 1961 ma anche un piccolo autore di libri.

Appassionato della cultura nipponica, nella sua gioventù decise di intraprendere un viaggio nella terra del Sol Levante, precisamente passò 8 anni della sua vita a Shikoku, una delle isole più grandi dell'arcipelago.

Tornato in patria continua ad investire nelle proprie attività e nella sua formazione personale ma è rimasto comunque molto legato a questa realtà orientale, ed è infatti nel 2001 che decise di cambiare il suo nome da "Marco Caputo" a "Makoto Caputo" parola che nella lingua giapponese viene tradotta di solito con 'sincerità'.

Sincerità perché si è sempre sentito un uomo diretto che piuttosto di celare i propri sentimenti e propri pensieri ha preferito essere spontaneo ed autentico. Più profondamente questo concetto si basa sul fatto che ciò che si dice deve attenersi a ciò che viene fatto concretamente. In sostanza non si ha il diritto di ingannare se' stessi, ancora prima di poter avere il diritto di ingannare gli altri. Questo proprio per ribadire la sua motivazione nell'essere un imprenditore facoltoso ed umile allo stesso tempo, che passa la maggior parte dei suoi momenti a gestire business eticamente corretti.

L'esempio che puoi trovare, è proprio qui, infatti si è cimentato nella scrittura di libri che potessero tramandare ai suoi lettori tutte le conoscenze acquisite nel territorio giapponese.

INRODUZIONE

La ricetta per poter migliorare e perfezionarsi in continuazione viene niente meno che dal Giappone e ha un nome che, all'apparenza sembra complicato. Parliamo del termine Kaizen che, riassume il concetto di limitato ma costante miglioramento.

Costituito dalle due parole **Kai** che significa "continuo" e dal termine **Zen** la cui migliore traduzione è "buono", si ottiene il significato di **miglioramento perpetuo**.

Un'affascinante quanto efficace nozione che ha avuto inizio in Giappone a seguito della Seconda Guerra Mondiale e si concretizza in una sequenza di singoli, piccoli e costanti azioni. Una teoria che può determinare una metamorfosi della propria esistenza attraverso piccole modifiche quotidiane. Non si tratta, quindi, di una virata subitanea e improvvisa ma di qualcosa di molto più profondo.

Questo tipo di approccio è applicabile a molti ambiti, sia professionali, sia privati, con lo scopo di ottenere un valore aggiunto e ridurre i consumi o gli sprechi. Implica, infatti, una certa semplificazione delle azioni e dei processi e un'implementazione di attività misurabili per alimentare il cambiamento e creare, nel lungo termine, un vantaggio competitivo durevole e stabile.

In più di dieci anni, molti studi sono stati condotti per poter chiarire i fattori alla base del fiorente sviluppo economico del Giappone. La crescita della produttività è stata determinata da un focus specifico sulla qualità dei processi aziendali e dall'applicazione dei medesimi concetti alla sfera privata ed individuale.

La filosofia volta al perfezionamento perpetuo si applica a tantissimi aspetti della vita quotidiana, in quanto "ogni cosa può ragionevolmente essere meritevole di migliorie". Quello che fa la differenza tra l'enunciazione della filosofia in sé e il successo è, tuttavia, l'applicazione metodica e organizzata di tali principi. Sia che siate degli imprenditori a capo della vostra azienda, sia che vogliate produrre un sensibile cambiamento di alcuni aspetti della vostra vita, il Kaizen è la scelta giusta, la stessa che ha accompagnato grandi leaders.

Contrariamente alla cultura occidentale, il metodo Kaizen offre una proposta quotidiana, meno faticosa e incentivante per realizzare nuovi obiettivi in vari ambiti di vostro interesse: lavoro, vita privata e sociale.

La trasformazione è essenziale per lo sviluppo umano ed è stata determinante nell'evoluzione della razza. Di conseguenza, possiamo affermare che, senza dubbio, il mutamento "in meglio" è parte della natura umana. Ogni cosa è soggetta a cambiamenti, alle volte impercettibili ma sostanziali. Stiamo quindi capendo l'importanza del lavoro quotidiano e duraturo che ognuno di noi deve svolgere perché non passi un giorno senza innovazione, senza studio, senza miglioramento. Tale concetto è molto sentito nella cultura giapponese e molto meno nella nostra cultura europea dove, al contrario, l'immutabilità strutturale e la cronicità delle relazioni sembra aver messo radici profonde nel tessuto sociale e produttivo, annichilendo la rinascita tecnologica e gli investimenti.

Partiamo quindi alla scoperta del significato profondo del Kaizen con lo scopo dichiarato di farne una filosofia di vita.

LE ORIGINI DEL KAIZEN

Le origini di questo metodo risalgono al decennio del 1930. Il Kaizen ha le sue radici nel mondo automobilistico e, in particolare, nella storica azienda Toyota che a quel tempo produceva telai automatici. Nato dalla metodologia statunitense *Training Within Industries* (TWI) [1] che puntava al miglioramento continuo post Grande Depressione, il Kaizen prese forma a partire dal problema emerso In Toyota di dover aumentare la produttività per sostenere la sfida della competitività. Nacque quindi il TPS, ovvero il Toyota Production System (Sistema di Produzione Toyota), inventato da Taichii Ohno. Tale sistema prevedeva di ridurre la minimo qualsiasi forma di spreco aziendale (i Muda) e migliorare l'organizzazione perché potesse essere più flessibile al cambiamento. Anche il tempo rappresentava un fattore determinante in quanto non bisognava sprecarlo nel corso delle

---

[1] Per un approfondimento si veda: *"American Kaizen Process Improvement"*, 6/11/2013, tratto da https://theprocessconsultant.com/american-kaizen-process-improvement/

lavorazioni. Tutto, dalla progettazione delle linee di produzione all'esecuzione fu pensato in virtù di questi principi e ciò fu la chiave di un eccellente successo. Vennero apportati dei tanti piccoli miglioramenti in ogni reparto produttivo, così che la loro somma potesse generare un cambiamento significativo dell'intero processo industriale. Nel 1950, vennero inoltre inseriti i Circoli della Qualità Toyota [2] secondo cui la qualità doveva essere incrementata continuamente. Ciò valeva anche per produttività, leadership e sicurezza. A regime, tutto questo comportò risultati grandiosi in termini di contenimento dei costi, tempistiche nelle consegne e percezione di valore nel cliente finale. Si trattò di una semplificazione dei processi capace di impattare l'azienda a ogni livello, grazie a una proverbiale attività di re-engineering delle attività produttive. La parola Kaizen fu utilizzata nel 1986 da Masaaki Imai che la portò alla ribalta con il libro: *"Kaizen: The Key to Japan's Competitive Success"*. Ben presto, il concetto prese piede nel mondo del business e divenne uno dei cardini del

---

[2] "I circoli di qualità sono una metodologia aziendale per la soluzione di problemi o il miglioramento della qualità e consistono in piccoli gruppi di lavoratori che si incontrano con il management per discutere e proporre azioni migliorative. Vengono anche definiti come tecniche di bottom-up, ovvero consentono l'emersione dei problemi dal basso verso l'alto."
Un interessante esempio, molto dettagliato e completo, sui *QC Circle* della Toyota Motor Corporation è reperibile a questo indirizzo: http://a3thinking.com/blog/?p=42; L'articolo contiene una presentazione con numerose slides che dettagliano come utilizzare i Circoli della Qualità.

management. Nel 1933, il New Shorter Oxford English Dictionary definì il Kaizen come una vera e propria filosofia di business.[3] A seguire, nel 1997, Imai nel libro *"Gemba Kaizen: A Commonsense, Low-Cost Approach to Management"* parlò di un nuovo tipo di Kaizen basato sull'importanza dei luoghi di lavoro, intendendo con Gemba il posto in cui si produce, come per esempio, la fabbrica e l'ufficio. A tali posti deve essere applicato il Kaizen per poter ottenere un cambiamento significativo.

---

[3] Di seguito il significato di Kaizen spiegato direttamente dall'Oxford English Dictionary: *"A Japanese business philosophy of continuous improvement of working practices, personal efficiency"*.

LE ORIGINI DEL METODO IN ITALIA

La pubblicazione del libro di Masaki Imai venne appoggiata dal Gruppo Galgano che nel 1986 portò questa metodologia in Italia.

Il bel Paese scoprì quindi i concetti di Qualità Totale e perfezionamento perpetuo. Teoria e principi che potevano essere applicati ai processi produttivi, alle persone con un recupero in termini di tempo e un miglioramento a livello tecnologico.

Grande promotore della filosofia giapponese fu Alberto Galgano che ne elogiava la capacità di far emergere potenzialità aziendali nascoste, a livello organizzativo e a livello personale. Invece di puntare su un'innovazione tecnologica stravolgente del settore "one shot", il Kaizen permetteva di focalizzarsi sul miglioramento comportamentale e continuo a tutti i livelli, dai manager ai dipendenti.

I PRINCIPI DEL KAIZEN

Per spiegare il Kaizen, penso sia rilevante partire dal concetto di innovazione. L'innovazione identifica un mutamento spesso rivoluzionario che crea una forte discontinuità verso il passato. Solitamente ottenuta per il tramite di uno sforzo di breve durata, determina uno stravolgimento delle abitudini e, in ambito aziendale, dei processi. Quanto abbiamo descritto corrisponde al concetto giapponese di kakushin (innovazione) in aggiunta al kairvo (vasto miglioramento). Il Kaizen, al contrario, nasce nella quotidianità sostenendo che sia possibile migliorare con piccoli, costanti, limitati e incentivanti passi verso l'obiettivo. Se volessimo fare una metafora, sarebbe possibile parlare della stessa differenza che c'è tra una scala a gradini (kakushin) e un'ascesa continua e sempiterna (Kaizen). Per quanto ovvio, produrre un salto in termini di innovazione comporta uno sforzo maggiore del Kaizen in quanto per realizzarlo si deve determinare una rivoluzione verso uno standard molto più alto del precedente. È quindi molto più utile corroborare la crescita individuale o lo sviluppo tecnologico aziendale attraverso la metodologia Kaizen.

Tale metodo si basa essenzialmente su alcuni punti principali:

- Migliorare i processi
- Seguire i cicli PDCA e SDCA
- Porre al primo posto la qualità adottando i sistemi di Total Quality Management
- Creare e alimentare un buon sistema informativo
- Porre degli standard da raggiungere creando team, focalizzati su gruppi di attività

Il **ciclo PDCA (Plan-Do-Check-Act) o anche chiamato Ciclo di Deming**[4] rappresenta il primo step da considerare in un piano di miglioramento perpetuo, alla base della strategia Kaizen. Se rileggiamo l'acronimo, esso è formato dalla parola "Plan" che può essere tradotta con "pianificare" le proprie singole attività e quindi selezionare in modo razionale gli obiettivi a cui ambire. Sapere quale traguardo raggiungere è infatti essenziale per impostare una rotta. Si passa quindi all'azione con il "Do", ovvero la fase operativa che comporta la realizzazione nella pratica delle azioni programmate. A seguire, è

---

[4] Per un approfondimento sulla storia del ciclo di Deming, si veda questo articolo: *"What the Deming cycle is, with its history"* dove è possibile ascoltare una piccola parte del discorso tenuto nel 1950 al Hakone Convention Centre in Tokyo sulla base dell'opera dell'autore: Deming *"The New Economics: For Industry, Governement, Education"*

necessario fare un "check" ovvero un controllo del piano definito in precedenza. Infine, arriva il momento dell'attuazione definitiva ("Act") con lo scopo di standardizzare e evitare gli errori del passato che hanno determinato il nostro insuccesso. Al contempo, non può mancare il desiderio di fissare nuovi e più sfidanti obiettivi per non bloccare il miglioramento.

In queste fasi, un'importanza preponderante è la standardizzazione delle vostre attività ovvero **il ciclo SDCA** (Standardize-Do-Check-Act). Nell'applicazione giapponese del metodo, un elemento potente è rappresentato dalla qualità e dal contenimento di costi e tempi; ciò ha condotto all'introduzione dei sistemi di Total Quality Management. La specificità di tali metodi risiede già nel nome dove la "T" di total implica il coinvolgimento verso il cambiamento continuo di tutto il personale all'interno della società. A livello personale, ciò può tradursi nel significato più immediato di scegliere "la trasformazione per piccoli passi" come stile di vita e non come una moda passeggera imposta. La Q si riferisce alla qualità dei processi con un occhio attento ai costi e ai tempi. Anche in questo caso, per noi significa applicarci in "azioni quotidiane" di valore e significative, senza dimenticarci del fattore tempo e del portafoglio. Non sorprenderà il significato della "M" di management che individua un'attività di gestione operativa e strategica volta al miglioramento, rigorosamente in stile Kaizen.

Se a livello aziendale, il metodo Kaizen permette di far percepire al cliente il valore aggiunto intrinseco dei prodotti, a livello personale, i medesimi principi rappresentano il cardine di una vita di successo. Per raggiungere il risultato voluto in modo immediato ed efficace la metodologia Kaizen suggerisce di organizzare il lavoro in gruppi di persone che si occupino di gestire panieri di specifiche di attività. Parimenti, a livello personale, ciò si traduce nella necessità di concentrarsi su un certo insieme di attività alla volta perché il nostro rendimento possa essere massimizzato.

A questo punto della trattazione, non possiamo dimenticare che Kaizen significa anche ridurre gli sprechi. Ecco che ci viene in aiuto una metodologia ulteriore che trae le sue origini dalla filosofia della produzione snella ed è denominata "la metodologia delle 5S". Fondata da Hiroyuki Hirano, viene implementata con successo in moltissimi ambiti. Applicata al mondo imprenditoriale, comporta come primo passo, l'osservazione puntuale di cosa di quanto sia in realtà utile e necessario all'attività d'impresa.

Volendo traslare il concetto nella vita di tutti i giorni è come se dovessimo fare ordine nelle nostre vite e, per farlo, usassimo il criterio dell'utilità. Il passo successivo è efficientare i processi aziendali, ordinandoli secondo la logica del "minor spreco" in particolare, in termini di tempo. Individualmente, è chiaro come lo stesso sia applicabile alla sfera individuale. Molto importante è il fattore dell'essere diligenti riguardo la propria posizione di lavoro, gestendo minuziosamente la pulizia e l'ordine. Infine, la strategia Kaizen si focalizza sulla standardizzazione, quale componente essenziale per la buona riuscita dei processi. Se vi stante chiedendo il motivo, niente di più semplice!

La standardizzazione aiuta a rendere misurabili i risultati raggiunti e le prestazioni aziendali, minimizzando gli sprechi. Si conclude con la fase che prevedere di sostenere l'attività attraverso una costante attività di monitoraggio svolta dal management. In tale fase, l'obiettivo è sia la coesione sia l'efficientamento della produzione. A livello personale, tale fase può essere immaginata come quel momento in cui "tiriamo le somme" ovvero analizziamo in maniera onesta risultato per porci nuovi e più coinvolgenti obiettivi, magari complimentandoci con noi stessi per i risultati raggiunti nel tempo.

Il ciclo di Deming e la metodologia delle 5S ci hanno fornito una guida logica verso la risoluzione del problema, partendo dalla fase di pianificazione per poi affrontare quella operativa, di controllo e di esecuzione definitiva. La potenza di queste metodologie sta propria nella loro semplicità ed immediatezza.

Il Kaizen si basa sul ciclo PDCA, unendo strumenti derivanti dalla Lean Production ed è quindi ad essi molto affine. Possiamo distinguere vari tipi di Kaizen in relazione al loro utilizzo.

TIPI DI KAIZEN

1. Quick/Blitz Kaizen

Attivabile quando la problematica è già sufficientemente chiara e correttamente definita sulla base di dati fruibili

Quando la possibilità di tagliare gli sprechi è palese e delimitata in una specifica area di attività

Quando vogliamo dei risultati immediati e veloci

2. Standard Kaizen o Settimana Kaizen

Come dice la parola stessa, è un tipo più complesso e strutturato. In primis è necessario fare un'attenta analisi che porti all'individuazione dei problemi (fase preparatoria). Spesso lo standard da raggiungere non è definito a priori ed emerge a seguito della precedente fase di analisi.

3. Major Kaizen

La complessità aumenta e ciò rende necessario l'onere di dotarsi di esperti che strutturino una pianificazione per strati. Implica tempi lunghi anche di mesi e team compositi.

4. Advanced Kaizen

È il più raro tra i metodi usati in quanto implica l'uso di statistica avanzata e il metodo del Six Sigma (che vedremo in seguito). Spesso viene utilizzato quando i precedenti sono stati inefficaci.

IL METODO KAIZEN IN DUE STEP

Adesso che abbiamo alcune nozioni sulla metodologia Kaizen, analizziamo nel dettaglio i passi da compiere.

1) Un pensiero o un desiderio limitato

A livello personale, questo step corrisponde a chiedersi quali sono gli elementi della vostra vista che avete intenzione di migliorare per rendervi la versione migliore di voi stessi. In alternativa, potete sempre analizzarvi e capire quali fattori peggiorano la vostra esistenza. Fermati a pensare ad una possibile lista di cose da eliminare o migliorare, non importa quanto le stesse possano essere minuscole o all'apparenza poco significative. Anche un sassolino può far male e farvi progredire con fatica. Sulla stregua dei ragionamenti fatti all'inizio e in base alle considerazioni che abbiamo visto a livello aziendale, concentratevi sul miglioramento continuo anche se di piccola entità.

Poniti delle domande. Semplici e in vari ambiti. Ne sono esempi:

- Alla lunga, cosa faccio ogni giorno che mi rende un po' più infelice?

- C'è un'attività o un compito che mi posso dare che fatto con costanza, magari un'ora al giorno possa regalarmi, nel lungo periodo, la soddisfazione di aver raggiunto un obiettivo?

- Per quanto riguarda la mia salute, come migliorarla? Posso rinunciare ad alcuni alimenti poco sani per beneficiarne nel lungo termine?

- C'è un progetto, semplice e tutto sommato di portata limitata, che posso realizzare e di cui poter godere i frutti da qui a un anno?

2) Piccole attività e piccole azioni

Due regole principali del metodo Kaizen sono: la costanza e la lentezza. Certo, al giorno d'oggi, postulare la possibilità di "rallentare" sembra impopolare ma, al contrario, questa strada può condurti verso la strada della realizzazione personale e lavorativa. Lento, infatti, non significa assolutamente immobile. Non si tratta di non fare nulla ma di prefiggersi un obiettivo che, benché piccolo, possa consentirti un avanzamento. Il termine costanza rievoca, invece, la nostra capacità di perseverare e superare le difficoltà con tenacia. Il Kaizen, in questo,

25

rappresenta uno strumento adeguato in quanto la filosofia "dei piccoli passi" supporta tutte quelle persone che hanno poca forza di volontà e determinazione. Facciamo un esempio per dare concretezza alla metodologia. Provate a rispondere a pensare a un libro piuttosto corposo: secondo voi, è più facile leggerne due, tre pagine al giorno o affrontarlo tutto d'un fiato? Se avete risposto due o tre pagine, avete compreso le basi teoriche del Kaizen.

Il Kaizen è immaginabile come quel piccolo fiocco di neve che, sommato a tantissimi altri, può dare vita ad una vera e propria valanga, di risultati...ovviamente!

LA METODOLOGIA DEL KAIZEN

La differenza tra innovazione e Kaizen corrisponde alla dicotomia tra bianco e nero. Innovazione sta per "cambiamento radicale" mentre Kaizen sta per "miglioramento continuo".

Si va oltre il concetto di programmazione della seconda metà del secolo scorso e si arriva a preferire un miglioramento immediato delle piccole cose.

Per poterlo applicare, dobbiamo:

- Capire nel profondo i principi che animano il Kaizen e sceglierli nella nostra vita
- Fare una corretta attività di analisi su noi stessi per verificare quali siano le reali possibilità di miglioramento. In questo bisogna essere molto onesti e veritieri.
- Dobbiamo ragionare sulla nostra vita come a una serie di attività quotidiane che possiamo gestire, rimettere in ordine, semplificare, eliminare, aggiungere.

- Pensare un piano di azione perché l'obiettivo venga raggiunto, cercando di mantenere un occhio attento e critico verso gli sprechi, soprattutto in termini di tempo.
- Misurare i nostri miglioramenti. Quante pagine del libro avete letto dopo un mese? Quanti chili avete perso dopo tre mesi?
- Celebrare i vostri successi e rafforzare la vostra autostima condividendo i risultati ottenuti con i vostri collaboratori e amici.
- Per quanto riguarda le modalità pratiche di esecuzione del Kaizen, la metodologia lascia ampio spazio di manovra.

La mia preferita è quella di ragionare come un cuoco che nella propria cucina deve preparare un piatto in pochi minuti. La linea degli ingredienti diventa fondamentale perché lo chef deve avere tutto a sua disposizione in breve tempo. Ecco che, prima di realizzare il piatto, pensa agli ingredienti, li dispone in modo ordinato e solo dopo lo esegue in successione temporale. Ciò limita sprechi di materiale e di tempo. Se questo può essere fatto nella propria postazione di lavoro, lo stesso si può fare nella vita privata, partendo dall'identificazione degli errori.

Per facilitarvi nell'implementazione del Kaizen, è necessario concentrarsi sui seguenti punti:

1) Dovete eliminare il superfluo nelle vostre attività, ripensare una nuova metodologia e riprogrammarvi le tempistiche. Avrete più tempo

per voi e per il vostro benessere. La parola d'ordine deve essere: NO allo spreco!

2) Standardizzate le vostre attività perché possano diventare ben presto un automatismo, come per esempio lo è guidare o cucinare.

3) Misurate le performance che avete ottenuto nel tempo e fatevi i complimenti da soli. Siate costanti e le possibilità di fallimento sul lungo termine saranno pari a 0.

4) Non rinunciate mai, non lasciate mai il vostro persorso! Nel senso, non ricadere nelle vecchie abitudini ma essere fedeli alle nuove. Devono diventare le vostre nuove best practice.

5) Continuate così e non arrendetevi! Risolto un problema, passate al successivo con la medesima tecnica, secondo un approccio sistemico alla vostra vita o alla vostra attività.

6) Stoppate o mettete un freno temporaneo all'autocritica perché anche questo atteggiamento è foriero di spreco.

7) Portate avanti le buone idee di miglioramento cercando di applicarle un passo alla volta con il minimo sforzo, in modo da non pesarvi sul groppone.

Shyam Bhatawdekar ha introdotto una metafora tra il metodo Kaizen e il lavoro che i medici fanno verso i pazienti. Il dottore quando deve curare una persona malata si appresta immediatamente a farlo, applicando subito rimedi e cure, magari stravolgendo l'ordine delle cose.

Nel Kaizen, l'approccio è di analisi e di graduale applicazione.

Le fasi

Fase 1: Preparazione e pianificazione

Analizzare in modo approfondito le aree di intervento, quindi le parti della vostra vita o della vostra attività soggette a miglioramento.

Chiedetevi quale attività quotidiana risulta per voi difficoltosa. In quale siete costantemente in ritardo e quale è il motivo di tanta inefficienza? Quali sono le attività più significative che svolgete durante la giornata e che vi prendono la maggior parte del tempo? Potete in qualche modo efficientarle?

Ora, dovreste essere in grado di identificare lo spreco di risorse che quella particolare attività comporta. Chiedetevi come migliorare l'esecuzione dell'attività e ottenere un risultato qualitativamente migliore.

In qualche caso, fatevi aiutare nell'analisi da chi vi conosce bene e/o condivide con voi la vostra routine. Potrà suggerirvi cosa cambiare e rappresentare il vostro team di lavoro.

Fase 2: Implementazione

Comprendete fino in fondo le criticità delle vostre attività, raccogliendo informazioni per capire come intervenire.

Appuntatevi tutto quello che ritenete necessario e utile alla definizione del nuovo standard di vita o di lavoro: tempo di esecuzione, modalità, strumenti, relazioni, impedimenti pratici, ruoli ricoperti a livello lavorativo e personale. A questo punto, dovrete avere una lista di spunti di perfezionamento. Le idee fioccheranno da sole senza sforzo in quanto avrete messo nero su bianco tutte le vostre attività e le vostre mancanze. Scegliete le idee migliori e, se possibile, simulate la nuova attività di modo da testarla sul campo e verificare quanto tempo potete risparmiare.

Fase 3: Follow-up

L'obiettivo di questa fase è rendere il cambiamento durevole nel tempo. E non solo di carattere temporaneo. È quindi fondamentale verificare che le vostre attività siano performanti nel lungo periodo.

In pratica, è necessario:

- Identificare il problema o lo spreco

- Impostare una risoluzione basata sull'idea migliore

- Simulare la risoluzione valutandone il risparmio in termini di costi e tempi

- Eseguire immediatamente l'azione

- Misurare il risparmio effettivo

- Condividere il successo

Uno dei punti principali è l'immediatezza di attuazione e, nei casi più complessi, la necessità di suddividere il problema in più progetti.

I BENEFICI E GLI SVANTAGGI DEL KAIZEN

Indubbiamente il metodo Kaizen porta con sé numerosi **vantaggi**. Vediamone alcuni insieme:

A livello aziendale, la sua applicazione comporta che venga perseguito a tutti i livelli dell'organizzazione. Non è quindi qualcosa che viene imposto dall'alto. Di conseguenza, tutti i dipendenti si sentono molto coinvolti e apportano i loro suggerimenti alla buona riuscita dei progetti. La filosofia del cambiamento continuo rafforza l'autostima, il morale e la fruibilità del lavoro. Questo concetto non è osservabile solo a livello aziendale ma è traslabile senza difficoltà anche nella sua applicazione alla vita quotidiana. La risoluzione dei problemi individuati avviene attraverso l'impostazione di standard qualitativi di riferimento che possano eliminare il problema alla radice.

Il Kaizen riduce gli sprechi, i tempi e aumenta sensibilmente la qualità. Anche in questo caso, possiamo affermare con certezza che fare una piccola azione ogni giorno comporta maggiore attenzione da parte nostra e ciò che faremo sarà migliore in termini qualitativi.

A livello aziendale e personale, si incrementa la produttività, la comunicazione e la creatività. Ciò è possibile perché il cervello cambia la propria visione del problema, focalizzandosi non sul problema nel complesso ma sulla possibilità di perfezionamento e miglioramento.

Si riducono i costi. Se a livello aziendale il costo implica il dispendio di denaro, a livello personale, ciò si riferisce al dispendio energetico che con il Kaizen sarà sicuramente minore. Questo metodo farà di voi delle persone più consapevoli e più soddisfatte nonché più attente ai piccoli miglioramenti quotidiani.

La metodologia Kaizen valorizza la persona umana e il suo lavoro all'interno dell'organizzazione in cui lavora, nella sua comunità, nelle relazioni con il prossimo e a livello individuale. Ogni giorno, chi persegue il Kaizen si sente arricchito dalle migliorie e non ne sente il peso e la fatica. Ha inoltre moltissimi ambiti di applicazione in quanto riassume una filosofia potente per risolvere con sorprendente semplicità i problemi in modo attivo. La motivazione personale dell'individuo si rafforza giorno per giorno e, se applicato a livello di gruppi, incrementa la capacità di fare squadra.

Guardiamo ora agli **svantaggi** del metodo:

Frutto di una filosofia antica, potrebbe essere valutato come un modo "vintage" di affrontare i problemi benché i suoi principi rimangano sostanzialmente applicabili anche al giorno d'oggi. Prevede comunque un minimo sforzo iniziale e quindi la necessità di accettare, almeno inizialmente, il cambiamento del proprio atteggiamento.

Vista la vastità della sua applicazione, potrebbe generare una sorta di sconcerto in quanto comporta molta libertà di esecuzione. Tuttavia, è possibile pensare a questo step come ad un investimento necessario.

LEAN VS KAIZEN VS SIX SIGMA

Arrivati a questo punto della trattazione, è doveroso mettere a confronto le metodologie: Lean, Kaizen e Six Sigma. Tutti e tre i metodi hanno un'origine comune, ovvero le metodologie di miglioramento delle industrie manifatturiere giapponesi del XX secolo. Tuttavia, hanno somiglianze e differenze. Come già sappiamo, Kaizen significa "miglioramento continuo a piccoli passi" e più che essere uno strumento corrisponde all'adozione di una mentalità di approccio ai problemi.

Kaizen significa parlare sulla base dei dati e delle informazioni e gestire in modo fattivo, in particolare eliminando i Muda ovvero gli sprechi.

Six Sigma[5]

La metodologia Six Sigma è un insieme di strategie e strumenti creati per limitare i difetti. Ha due metodologie di progetto, entrambe basate sul ciclo Plan-Do-Check-Act di Deming:

- DMAIC (Define-Measure-Analyse-Improve-Control)

- DMADV (Define-Measure-Analyse-Design-Verify)

Il campo di applicazione di Six Sigma è prevalentemente quello manageriale, in quanto si utilizzano tecniche statistiche avanzate. Esula quindi dagli obiettivi della trattazione, ma riafferma l'idea che i principi di base possano aver un'ampia applicazione, a livello individuale quanto professionale.

Lean

Parte dalla definizione di spreco che può essere identificata come tutto quello che nell'ambito dei processi o delle attività non apporta valore aggiunto. L'eliminazione dello spreco è il punto principale di questo approccio. Lato business si possono classificare alcuni sprechi ricorrenti:

- Trasporto
- Inventario

---

[5] Segnalo ai lettori la possibilità di approfondire l'argomento con questo utile articolo: "Root Cause Analysis with 5 Whys" https://6sigma.com/root-cause-analysis-with-the-5-whys/

- Movimento
- Attesa
- Sovraproduzione
- Sovra elaborazione
- Difetti

Traslando questo elenco nella vita quotidiana, il trasporto può essere equiparato ai tempi di percorrenza del tragitto casa lavoro, l'inventario è utilizzato per individuare le spese superflue, l'attesa sono tutti i nostri tempi morti, la sovra elaborazione e la sovraproduzione sono tutte quelle attività da poter snellire perché superflue, i difetti non hanno bisogno di ulteriori commenti.

Se il Kaizen trae origine dalla storia della Toyota, il Lean affonda le sue radici nella storia della Ford Motor Company. Si articola in tre fasi principali:

1) Identificazione delle attività che comportano sprechi
2) Identificazione dei modi in cui questi sprechi rendono inefficiente il business o l'attività
3) Eliminazione o diminuzione degli sprechi

Possiamo concludere che, mentre Kaizen punta a migliorare le attività nel suo complesso, fissando degli standard più elevati da perseguire nel lungo periodo e aumentando l'efficienza, Six Sigma è adatto a un uso in ambito professionale ma punta l'accento sulla ricerca della migliore qualità possibile. Lean si focalizza sull'eliminazione degli sprechi e sul recupero di velocità nei processi.

Tutte e tre le metodologie possono essere utilizzate con successo ma, considerata l'immediatezza e l'adattabilità dell'approccio Kaizen, non possiamo che suggerire questo metodo come nuovo modo di risoluzione dei problemi, quanto meno a livello personale.

Un ulteriore approccio: la metodologia Lean Six Sigma[6]

Come suggerisce il termine nasce dall'union delle due precedenti, nel 2002 dal fondatore del George Group, Michael George.

La LSS migliora la Root Cause Analysis in quanto oltre al ciclo PDCA della Lean viene utilizzata una forte componente statistica. Inoltre, viene data importanza alla qualificazione dei ruoli all'interno dell'organizzazione perché il miglioramento sia sostenibile nel lungo periodo. Punta sulla necessità di interventi formativi.

Come abbiamo già fatto più volte, proviamo a fare un parallelismo con gli obiettivi personali e la quotidianità. Applicare la Lean Six Sigma equivale a fare un'osservazione attenta delle proprie performance e sforzarsi di misurarli con tutte le metriche possibili. Dare valore ai ruoli significherà pesare il proprio contributo a livello familiare, nelle relazioni o nella comunità per capire meglio quale sia più adatto e foriero di risultati. L'intervento formativo si tradurrà nella ricerca di elementi

---

[6] Risorse aggiuntive disponibili qui:
https://www.leansixsigmadefinition.com/glossary/michael-george/

di consapevolezza o corsi di formazione che siano in grado di spingerci verso nuovi traguardi.

Anche la combinazione di Lean e di Six Sigma può rappresentare un valido aiuto verso il raggiungimento del successo professionale e personale in quanto alla base abbiamo comunque una mentalità Kaizen.

GLI EVENTI KAIZEN

Si tratta di progetti che utilizzano soluzioni Lean, che significa realizzati in tempi ristretti (5 giorni o una settimana).

L'obiettivo è quello di innescare un cambiamento positivo di lunga durata per il tramite di:

- Una fase preparatoria
- Nuovi atteggiamenti e abitudini
- Follow-up

Per parlare di eventi Kaizen, ci si deve focalizzare all'ambito aziendale. In tale contesto, un evento Kaizen è un'attività di breve durata dove un team di persone creato appositamente viene guidato da un Sensei (mentore Kaizen) con l'obiettivo di occuparsi di un processo o di una particolare area di interesse e ottenere risultati ottimali in brevissimo tempo.

L'ottica occidentale della risoluzione programmata e calata dall'alto viene modificata dal Kaizen. Si parte alla volta dell'azione subitanea e si continua con il trystorming, sottoponendo a prove le idee migliori. Anche l'evento viene diviso in fasi. Nella prima si ha un meeting informativo in cui il team di lavoro viene erudito sullo scopo del progetto. Si tratta del primo step verso il coinvolgimento della squadra. Inoltre, saranno fornite al Team le istruzioni fondamentali che stanno alla base del principio del Kaizen. A seguire, vengono approfonditi gli argomenti da sottoporre al team. Il loro compito è quello di analizzare il processo e identificare tutte le operazioni a valore aggiunto in ogni fase, quelle che ne sono prive e gli sprechi. Probabilmente in questa fase verranno proposte numerose ipotesi di miglioramento. Solo quelle migliori verranno testate direttamente con il trystorming. Mettere per iscritto l'evento aiuterà a identificare le falle. Per poter preparare in modo adeguato un evento Kaizen ci si deve chiedere:

- Gli obiettivi sono chiari?
- Quando si vuole organizzare l'evento?
- Qual è la tempistica di raggiungimento dell'obiettivo?
- Chi dovrò coinvolgere nella mia struttura? Quali competenze sono richieste?
- Mi servono componenti aggiuntivi nel team?
- Ho informato le persone che parteciperanno all'evento Kaizen?

Prima dell'evento Kaizen, non dimenticate di controllare di avere tutto il materiale necessario al brainstorming.

Il primo giorno
Il primo giorno è necessario:

- Presentarvi in anticipo per poter organizzare gli spazi e favorire il dialogo tra le persone
- Avere a disposizione tutti gli strumenti utili (post-it, penne, fogli) ecc..
- Presentare l'obiettivo del lavoro
- Chiarire il programma nel dettaglio per pianificare al meglio il lavoro delle giornate previste
- Verificare con il team che i dati a disposizione siano corretti. In questo, è fondamentale avere a disposizione delle misurazioni oggettive che possano chiarire il punto di partenza

Il secondo giorno

Riassumere i feedback ricevuti dai membri del team: ci sono state delle idee o delle osservazioni nuove?

- Illustrare le attese ovvero ciò che si vuole raggiungere dopo l'intervento Kaizen
- Verificare le possibilità di intervento immediato realizzando una scala di preferenza delle idee emerse: qual è l'idea migliore?
- Parcellizzare il lavoro tra i vari membri del team e indicare i ruoli
- Passare all'azione Kaizen

Il terzo giorno

- Ultimare le modifiche
- Attestare la nuova situazione

Il quarto giorno e ultimo giorno Kaizen

- Comparare la situazione attuale con la precedente per apprezzarne i progressi
- Realizzare una presentazione sintetica del lavoro fatto, dei risultati e dei contributi del team
- Complimentarsi di persona con il team per i risultati raggiunti facendo emergere l'importanza del lavoro di squadra

L'evento Kaizen così descritto prende il nome di **Kaizen blitz** in quanto la sua applicazione avviene in maniera repentina nel corso di massimo 5 giorni proprio come suggerire la parola stessa, appunto blitz. L'azione sarà particolarmente breve e ciò che conta è anche la pianificazione della formazione strettamente necessaria perché l'evento Kaizen abbia successo. La chiarezza deve essere la nostra guida e il nostro principio in quanto i tempi ristretti, se usati coerentemente, consentiranno di concentrare i risultati. In tutto questo, si consiglia di inserire come strumento di lavoro una checklist per "identificare" le fasi del lavoro.

Prima dell'evento di Kaizen Blitz (3 settimane di anticipo)

- Individuate un team leader
- Individuate un "esperto" del metodo Kaizen che possa costituire un valido supporto, capace di capire se si stia seguendo la metodologia corretta
- Create un team di lavoro, considerando competenze e capacità di ogni singolo individuo
- Chiarite gli obiettivi con un elenco

- Raccogliete i dati e le informazioni a vostra disposizione
- Comunicate ai membri del team la vostra intenzione di fare un evento Kaizen

Prima del Kaizen Blitz: (2 settimane in anticipo)

- Raccogliete più dati possibili connessi all'attività su cui si sta procedendo
- Coinvolgete la dirigenza e comunicate l'evento Kaizen
- Rendete formale l'ingaggio dei membri del team

1 settimana prima:

- Fate un report dei dati raccolti

4 settimane dopo il Kaizen Blitz:

- Monitorare i processi e le attività iniziate secondo l'evento Kaizen
- In caso i risultati siano positivi e ci sia un progresso misurabile, implementate i risultati impostati

5 settimane dopo il Kaizen Blitz:

- Riconoscere l'importanza della metodologia Kaizen e l'impatto che può avere sull'organizzazione aziendale e, in particolare, sulla cultura aziendale

COME RENDERE EFFICACI GLI EVENTI KAIZEN

L'unicità dell'uomo sta nella sua creatività e nella sua capacità di adattamento alle condizioni esterne. La storia ci insegna che fissarci degli obiettivi sfidanti è il primo passo verso il successo. Tuttavia, spesso, pecchiamo di eccessiva audacia e ci poniamo degli obiettivi troppo alti rispetto alla nostra routine: vogliamo perdere subito molto peso o vogliamo guadagnare subito somme importanti o vogliamo diventare fluent in una lingua in pochissimo tempo. Con questa impostazione mentale, i risultati tarderanno ad arrivare e ci sviliremo nel corso del tragitto. Una sensazione di scoraggiamento sarà il risultato del "volere tutto e subito".

Da quanto finora detto, sappiamo però cosa fare.

Ridurre gli obiettivi. In una parola, semplificare. È più facile dimagrire con la logica della perdita di peso incrementale che pretendere di ridurre tutti i centimetri del giro vita in una sola settimana. Fidatevi. La metodologia

Kaizen risponde proprio al bisogno di miglioramento dell'individuo senza impattare negativamente sull'autostima. È garanzia di miglioramento della qualità di prodotti e servizi in ambito aziendale e, in ultima istanza, restituisce una sensazione di soddisfazione a tutti coloro che lo applicano con costanza. Il cambiamento della propria mentalità o di quella del proprio team di lavoro non è certo una cosa immediata che possiamo pretendere dal giorno alla notte ma la metodologia Kaizen ci aiuta con il concetto del miglioramento incrementale. Tale decisione deve essere ovviamente consapevole dal punto di vista individuale e condivisa all'interno dell'organizzazione, se l'utilizzo della tecnica avviene a livello professionale. L'applicazione attiva sul metodo Kaizen è un presupposto imprescindibile per avere successo. Dopo l'ottenimento dei risultati, non dimentichiamoci che la metodologia non si esaurisce con il singolo intervento ma si applica come mentalità vincente, in modo continuativo nel presente. Se siete degli imprenditori, la scelta di applicare la metodologia Kaizen deve essere portata avanti con impegno e costanza e in prima persona. Tutto ciò è necessario perché le vostre risorse non pensino che la decisione sia solo "calata dall'alto" e successivamente delegata senza coinvolgimento. Si tratta di mantenere la credibilità e l'attenzione verso la vostra organizzazione. La vostra leadership ne risulterà rafforzata nel lungo periodo e farete del luogo di lavoro un posto migliore per voi e i vostri dipendenti. Una delle condizioni essenziali per la buona riuscita della metodologia Kaizen è quella di coinvolgere un gran numero di persone all'interno della vostra organizzazione. La cultura Kaizen deve essere condivisa: create gruppi di lavoro e fate in modo di collegare le attività in una catena. Non dimenticatevi del cliente finale e delle sue aspettative.

LA METODOLOGIA DEL CAMBIAMENTO

Il successo nell'applicazione di Kaizen si ottiene con impegno e determinazione e l'unico problema reale che si potrebbe presentare nel vostro cammino è la discontinuità. Interrompere un'azione per poi riprenderla comporta uno sforzo incrementale maggiore di iniziarla la prima volta. Quindi, è necessario non mollare la presa! Non procrastinate! Giocate ad applicare la filosofia di Kaizen a svariati obiettivi nella vostra vita professionale e a quella privata e vi accorgerete del cambiamento a fine anno. Si tratta di una sorta di avventura in cui con calma di procede costantemente per arrivare a meta. Realizzare un piccolo miglioramento viene percepito come facile, raggiungibile, possibile e credibile dal cervello. Per questa ragione, non vi sentirete presto demotivati come succedeva in precedenza. L'abitudine infine giocherà un ruolo determinante perché vi darà una sensazione di leggerezza nel raggiungimento dei risultati, cosa che non potrete sperimentare che con il Kaizen. Un vero toccasana per l'ego e l'autostima!

Aiutatevi con frasi o domande rafforzative delle vostre intenzioni. Ne sono esempi:

- Come posso essere più bravo/capace/attento di ieri in questa attività?
- La perfezione non esiste ma io posso tendere alla perfezione perché è fattibile
- Non tutto subito! Devo solo fare il primo passo e poi il successivo
- Ogni giorno quel poco che serve per progredire. E così via...

L'IMPATTO DEL KAIZEN SULLA VOSTRA VITA

Uno dei principi fondamentali del Kaizen è la destrutturazione dei processi in sottoprocessi di modo che l'ottimizzazione di ognuno possa determinare il miglioramento complessivo. La forza motrice del Kaizen ovvero il punto di partenza è l'insoddisfazione individuale verso noi stessi, la nostra vita e le nostre esperienze. La delusione spinge la leva della creatività che ci porta oltre i nostri limiti umani e ci stimola a fare meglio e divenire la migliore versione di noi stessi. Come abbiamo imparato nel ciclo di Deming, si tratta di un processo in cui vengono testate delle idee, nate con lo scopo di risolvere un problema. La valutazione della simulazione iniziale e dei suoi risultati complessivi porta a identificare un nuovo standard di riferimento che costituisce la base per il metodo definitivo. In questo processo, è importante seguire con attenzione i passi proposti ed essere aperti ai suggerimenti che ci vengono dal nostro tema di lavoro piuttosto che dalla nostra famiglia. Dobbiamo allenare l'occhio critico che ci caratterizza come uomini e donne di valore e, con il tempo, capire dove le nostre lacune possono essere colmate mediante un'opportuna formazione.

Analizziamo con cura:

- il nostro lavoro
- la possibilità di risparmiare energia, tempo e risorse
- quali strumenti utilizziamo nelle nostre attività
- la qualità dell'output e del lavoro svolto
- l'ambiente in cui viviamo
- il feedback che riceviamo

La filosofia che dobbiamo adottare per applicare il Kaizen alle nostre vite è di migliorare le cose anche se in parte già funzionano. Questo, sia a livello professionale, sia a livello umano costituirà un modo sicuro per essere più competitivi. Un solo compito ogni giorno per un tempo ristretto è alla portata di chiunque. Non bisogna avere doti particolari o una forza di volontà ferrea. Un esempio è l'applicazione della metodologia Kaizen alla meditazione ovvero la pratica della Mindfulness. Porsi l'obiettivo di meditare in maniera incrementale ogni giorno fino a raggiungere l'ambito traguardo dei 15 o 30 minuti al giorno.

Lo stesso vale per la dieta. La filosofia orientale ci insegna a focalizzarci sulla limitazione poco alla volta. Limitare le porzioni, ridurre le quantità non sarà uno sforzo epico. Questo non significa certo che non ci sia una certa fatica nella rinuncia ma la stessa sarà vissuta dall'organismo e dalla mente in maniera totalmente diversa. In sostanza, il Kaizen è una filosofia di benessere. Vogliamo parlare dell'esercizio fisico? Fare una maratona intera è qualcosa di inaccettabile per il corpo e anche per la mente. Un 'ora di allenamento è troppo se si parte da zero in quanto il corpo deve abituarsi e avere il tempo necessario per il recupero. Iniziare quindi con poca attività fisica consentirà al cervello di supportare lo sforzo fisico.

Non sottovalutate la potenzialità del Kaizen neanche quando si tratta di risparmiare. Mettere da parte una moneta ogni giorno ricorda molto il risparmio che si insegna ai bambini con il salvadanaio. Da adulti, cambiano gli strumenti ma il concetto dell'accumulo rimane il medesimo. È sensibilmente più facile e meno faticoso. Dieta, esercizio fisico, risparmio, problemi di dipendenza sono tutte aree a cui il Kaizen calza a pennello! Bisogna imparare a scomporre in piccole parti ciò che ci sembra una vera e propria montagna da scalare. Solo così lo schema mentale può essere soverchiato e possiamo mantenere la nostra forza di volontà allenandola al cambiamento. La nostra determinazione ne risulterà rafforzata nel lungo periodo.

IL METODO KAIZEN IN CASA E IN UFFICIO

L'organizzazione e l'ordine sono dei punti cardine del metodo Kaizen: in casa come in ufficio non devono mai mancare. Ordine e disciplina. Ogni posto ha la sua cosa e ogni cosa ha il suo posto non sono frasi senza un fondamento dal punto di vista esclusivamente logico. Ogni oggetto ha una sua funzionalità che deve essere preservata. Tutto ciò è vero sia offline sia online, ovvero nel mondo digitale: la scrivania come la casella della posta devono essere organizzate a dovere per risparmiare tempo prezioso. Il criterio deve essere l'immediatezza d'uso.

Alla base dell'organizzazione del lavoro e della casa, ci deve essere la gioiosa implementazione della filosofia Kaizen: continuare verso il miglioramento incrementale a piccoli passi. Nessuna magia, nessuna rivoluzione.

KAIZEN E L'ESERCIZIO FISICO

Come abbiamo già avuto modo di dire nei paragrafi precedenti, la metodologia Kaizen è applicabile a svariati ambiti e uno di quelli dove può farvi ottenere i migliori risultati è proprio il rapporto con il vostro corpo e con l'attività fisica. Fatichi a perdere peso?

Ti sei iscritto in palestra e magari hai anche pagato l'abbonamento annuale e ti sei messo in testa che questa volta sarebbe andata diversamente ma poi hai subito perso interesse e ti sei ritrovato a rimandare a domani? Se questi casi alzano a pennello, è ora di considerare il metodo Kaizen tra le opzioni.

Per abituare il tuo cervello e il tuo fisico alla novità che quell'azione rappresenta, basterà farla per qualche minuto tutti i giorni. D'altronde, chi può dire di aver imparato a correre prima di camminare!

Puntate sulla filosofia Kaizen e avrete le chiavi del successo anche per quanto riguarda il raggiungimento del vostro peso forma ideale.

NON STRESSARTI: VIVI SECONDO IL KAIZEN

Tra le filosofie giapponesi quella dello Zen trova origine nella ricerca della consapevolezza del qui e ora, nonché nella semplicità e nel miglioramento continuo. La cultura Zen ci regala la possibilità, tanto nella vita professionale quanto in quella privata, di raggiungere equilibrio e armonia.

Il lavoro in ufficio può essere vissuto in modo totalmente nuovo, con una consapevolezza maggiore e consentirci di limitare lo stress. Anche se la comprensione della filosofia Zen (o Kaizen) comporta un approfondimento maggiore rispetto a questo trattato, vogliamo suggerire di seguito alcune azioni, utili per capirne la potenza:

consapevolezza del respiro – fermiamoci a pensare solo al momento presente, non al futuro o alle nostre azioni passate. Si tratta di vivere nel presente ancorandoci al respiro e alla filosofia del qui e ora. Quando abbiamo qualche minuto nel corso della giornata non guardiamo il cellullare ma concentriamoci sul respiro e rimaniamo nel presente;

conserva la consapevolezza del tuo stato interiore – poniti come obiettivo quello di vivere ora lo stato emotivo che vorresti raggiungere se avessi già realizzato il tuo obiettivo. Si tratta della tecnica del "come se". Raccogli informazioni con la tua parte razionale e poi lascia che attraverso le immagini sia la creatività a prendere il sopravvento. In questo modo allinei pensiero, corpo, emozioni e azione. Il tutto deve essere vissuto come se fosse già realizzato e nella consapevolezza del proprio stato interiore.

riconosci i momenti di gioia– stai attento a tutto ciò che ti accade, anche alle più piccole cose che ti accadono durante la giornata. Se quelle cose ti danno gioia e serenità significa che stai facendo ile percorso adeguato. Staccati dalle abitudini negative e ricerca il piacere.

nutri il tuo spirito – non bloccare l'inconscio che è stato creato allo scopo di guidarti e non di ostacolarti. Lascia spazio a creatività ed intuizione. Ringrazia per ciò che hai, anche per le cose più insignificanti e poniti in una situazione di ascolto attivo verso la vita e verso gli altri. L'ispirazione arriverà di conseguenza.

sviluppa una percezione tridimensionale – non coltivare solo ciò che ti dà sicurezza ma ascolta il tuo corpo, fai cose nuove, prova a uscire dai confini della logica lineare di stampo occidentale. Il nostro corpo ci parla per il tramite delle emozioni e queste vanno solitamente ascoltate e alimentate con lo scopo di vivere meglio.

fai meditazione – rilassati in modo totale, respira profondamente e lascia andare i pensieri, in particolare quelli negativi senza opporti. Sdraiati e sii consapevole di ogni parte del tuo corpo inspirando ed espirando in modo lento per almeno 10 minuti.

Il dolore, l'insoddisfazione e la delusione sono le nostre maestre di vita e ci spingono naturalmente verso la filosofia della consapevolezza, dell'accettazione, del cambiamento continuo e dell'adattamento. Il Kaizen è un'arma potente verso una nuova vita interiore, più ricca e molto più stimolante.

KINTSUGI O KINTSUKUROI: RIPARA IL TUO ANIMO

Molte volte nel corso della vita, si ha la sensazione che l'anima venga trafitta e vada letteralmente in pezzi. Si tratta di ferite profonde e in questa parte di trattazione vogliamo concentrarci su come la filosofia orientale possa aiutarci a riconsiderare questa sorta di rottura dell'anima in modo totalmente nuovo e innovativo. Ci viene infatti in aiuto il Kintsugi che significa proprio "riparare con loro". La parte della traduzione più interessante è "con loro" ovvero "per il loro tramite". Forse, queste ferite non sono del tutto negative?

Originato in Giappone nel 1400, ad opera dello shogun Yoshimasa il quale indicò ad alcuni artigiani ceramisti di riparare delle tazze da tè. I cocci furono riattaccati con una colata di oro, dal nome urushi, rendendo le ceramiche nuovamente preziose e visivamente interessanti. Il termine Kintsugi ("golden joinery"), si compone infatti di

Kint che significa oro e sugi che vuol dire ricongiungere. In poco tempo, questa filosofia prese piede e l'arte di ricongiungere i pezzi venne abbellita dall'uso dell'argento e platino. I nuovi oggetti frutto del lavoro preciso e meticoloso degli artigiani risultavano di maggior pregio e si evitava, allo stesso tempo, lo spreco. Tutto ciò divenne un'arte, applicata anche a pezzi provenienti da Corea, Cina e Vietnam. Alcuni collezionisti incominciarono ad apprezzare la nuova tecnica tanto da rompere appositamente le ceramiche per averne di migliori dopo la riparazione con la polvere d'oro. Come si può facilmente immaginare, lo stesso principio può essere applicato alla vita di tutti i giorni in cui assistiamo a momenti di fallimento e di crisi. Anche i nostri pezzi possono essere riparati. La fragilità non deve essere vissuta come un difetto ma un momento da cui poter partire per una sorta di autoanalisi. La cicatrice di quell'accadimento doloroso, sulla base di questa bellissima filosofia, non sarà più motivo di vergogna ma anzi farà di noi una persona di valore, rinata e rinvigorita, a livello personale o a livello professionale. Come soleva dire Nietzche, "ciò che non uccide, fortifica" e ciò è tanto più vero se siamo capaci di adottare questa filosofia nella nostra quotidianità. La scelta che si pone davanti a voi è quella tra una vita passiva e di dolore e, al contrario, una vita di rinascita e di accoglimento del momento doloroso per farne qualcosa di meglio. Si tratta di crescita personale e di valorizzazione di voi stessi.

La meravigliosa arte del Kitsugi ha trovato ampio spazio anche nell'ambito della psicologia. Bisogna esser pazienti con le crepe della propria anima perché il loro per impreziosirla è lungo e spesso difficile. Bisogna avere rispetto delle proprie sofferenze e ricostruirsi giorno per giorno. La rabbia e l'impazienza non apportano nel lungo periodo un vantaggio all'anima e distruggono i progressi fatti. La rottura e la riparazione sono da considerarsi come parte della vostra storia. Non sono quindi da demonizzare. Si tratta di vedere con occhi nuovi la reale bellezza delle cose rotte. In questo senso, i segni dell'uso di un oggetto piuttosto che quelli nella vostra anima divengono pregiati e fonte di bellezza. Il Kintsugi si associa anche ad altre filosofie giapponesi denominate "no mind" secondo cui bisogna rinunciare all'attaccamento e accettare tutto ciò che la vita ha in serbo per noi. L'ottica è quella della compassione positiva verso noi stessi e verso le rotture degli oggetti come delle nostre anime.

Esistono alcuni tipi di kintsugi:

- Metodo del pezzo, in cui il pezzo mancante viene completamente rimpiazzato dall'oro o da altro materiale pregiato come l'argento.

- Chiamata congiunta, si tratta di una tecnica mista in cui data la mancanza di corrispondenza tra le parti, una di queste viene sostituita come in un patchwork.

- Una tecnica affine e correlata alle precedenti è l'uso delle graffette per riparare i pezzi di ceramica rotti. Questa tecnica è diffusa in Europa (Grecia, Inghilterra) in Russia e in Cina.

LA GESTIONE DEL TEMPO NEI PROGETTI SECONDO IL KAIZEN

Dagli albori nella "Toyota Way" ai giorni nostri, Il Kaizen ha trovato applicazione in numerose organizzazioni che ne hanno sfruttato i principi per migliorare l'operatività e ottenere successi insperati nei più diversi settori di mercato. L'eliminazione degli sprechi si rende necessari in quanto lo spreco è qualcosa che è privo di valore aggiunto ed è quindi negativo per la società e per l'individuo. Per questa ragione, si deve essere molto determinati nell'identificare le fonti dello spreco, di qualsiasi natura esso sia. Nessuno vuole buttare tempo o risorse in quanto ciò significa una perdita di competitività rispetto ai concorrenti. Per poter applicare Kaizen ai vostri progetti seguite questi accorgimenti e non rimarrete delusi:

Approfondite la conoscenza del vostro cliente o di voi stessi. Così nella vita professionale come in quella privata la conoscenza fa la differenza. Acquisire più informazioni possibili vi avvantaggia rispetto ai competitors. Quali sono gli interessi e le aspettative dei clienti? E le vostre? Elimina i colli di bottiglia. Analizza il flusso di lavoro e come si svolge. Quali sono le tempistiche delle varie fasi? Ci sono degli accorgimenti che possono essere implementati per ridurre al minimo le inefficienze? Focalizzati su Gemba ovvero sul posto di lavoro. Le cause vanno ricercate laddove avviene l'azione. Questo significa che l'analisi delle cause deve partire dall'operatività quotidiana, capendo dove si trovano le fonti dello spreco. Motiva i membri del tuo team e dai loro delle responsabilità. Tempi e metodi corretti devono emergere dal lavoro di analisi ma soprattutto dai suggerimenti dei collaboratori che ogni giorno svolgono quel particolare lavoro. Dare una certa autonomia alle persone, valorizza il loro talento e fa emergere la creatività nascosta. Sii onesto. Ciò significa che le metriche da cui parte l'analisi e i risultati finali devono essere coerenti con gli obiettivi che ti sei posto all'inizio. Monitora il tuo successo e quello del tuo team attraverso un monitoraggio costante e trasparente. Comunica i risultati ottenuti e prendi sempre le decisioni sulla base della raccolta dei dati. Ciò aiuta a "correggere il tiro" passo dopo passo. Nell'ambito della gestione per progetti, l'applicazione della metodologia Kaizen consente di ottenere delle economie di tempo e di risparmiare preziose risorse. Ciò è vero in quanto, sulla base delle specificità del progetto, in ogni fase si può capire come ottimizzarne i costi come concluderla prima. L'eliminazione dello spreco proviene dalla logica organizzativa del flusso di lavoro. Ne deriva come conseguenza indiretta la liberazione di risorse aggiuntive che possono essere destinate sia ad altre fasi dello stesso progetto piuttosto che ad altri progetti del tutto nuovi. L'applicazione della filosofia del miglioramento continuo ai processi aziendali li rinnova profondamente e costituisce un asset da valorizzare a beneficio dell'intera azienda. Lo stesso si può affermare a livello personale: se vediamo che l'utilizzo della tecnica Kaizen determina un beneficio nella nostra vita in un particolare settore dell'esistenza potremmo estenderne l'applicazione ad altri. Incrementare la qualità nella gestione dei progetti è possibile con il Kaizen in maniera immediata e sistematica. Continuare a implementare la metodologia Kaizen su altri tipi di progetti.

LA DIFFERENZA TRA KAIZEN E GEMBA KAIZEN

Anche se l'argomento è già stato accennato nel corso del libro, in questa sezione vogliamo approfondire le differenze tra Kaizen e Gemba Kaizen. Sono entrambi piuttosto famosi, ma mentre "Kaizen" implica un processo di miglioramento incrementale e continuato nel tempo che coinvolge tutto il personale all'interno di un'organizzazione con lo scopo di efficientare l'impresa e le sue attività, il "Gemba Kaizen" si focalizza sul posto di lavoro. Anche quest'ultimo deriva dalla celebre filosofia orientale del Kaizen ma è associato al "genbutsu" che qualifica gli oggetti comuni nel Gemba: i macchinari, gli strumenti, le attrezzature, ecc.

Nel Kaizen, la visione è complessiva ovvero su tutto il processo produttivo o sull'intera organizzazione, nel Gemba Kaizen l'attenzione viene posta sul miglioramento ottenibile a livello di singola postazione di lavoro o di singolo reparto.

Nella metodologia Gemba Kaizen riscontriamo 4 fasi differenti:

1) Ci si focalizza sul luogo dove è sorto il problema
2) Il problema viene analizzato e con esso le sue cause
3) Si tenta di eliminare i muda, ovvero gli sprechi che non arrecano nessun valore aggiunto
4) Si individua una soluzione immediata per risolvere il problema o, quanto meno, si tenta di migliorare la situazione

Sono cinque i principi che animano la filosofia Gemba Kaizen:

• Nel momento in cui hai un problema o il problema si manifesta nella tua organizzazione, vai sul posto ovvero dove il problema è nato, cioè il gemba
• Fai un check su tutto ciò che viene chiamato "gembutsu" ovvero, i macchinari, gli strumenti, gli attrezzi, ecc.
• Valuta con tempestività la possibilità di prendere una decisione per risolvere il problema
• Rimuovi con fermezza le cause che hanno generato la problematica
• Metti in pratica la soluzione individuata come più idonea e definisci dei nuovi standard perché il problema non si ripresenti in futuro.

LE TRE G DEL KAIZEN

Le te G del Kaizen si intende:

- Il Gemba: il posto di lavoro
- Il Genbutsu: i macchinari, le attrezzature e, in generale, gli strumenti che oggettivamente si usano
- Il Genjitsu Genshou: interpretazione della realtà

Ora, proviamo ad indagare meglio e applicare al luogo di lavoro le 3 G appena enunciate.

Il Gemba – ricordati di andare sul posto – corrisponde alla scena del crimine

Il Genbutsu – guarda all'evidenza e sii oggettivo, cosa osservi?

Il Genjitsu Genshou – Capire la realtà – significa indagare le cause o le motivazioni che hanno indotto il problema o la situazione spiacevole.

Ti devi porre in un'ottica indagatoria: quali sono le prove da valutare? Quali sono gli indizi? Dove si è originata la problematica? Perché il problema si è manifestato proprio in quel preciso punto del flusso di lavoro? E da cosa dipende?

Tante domande, vero? Questo accade perché è più difficile considerare le cose nel loro insieme con i rispettivi dettagli tecnici, molte variabili e possibilità. La somma di ogni aspetto è la ricomposizione della scena finale. In questo modo, tutto vi risulterà più chiaro.

OLTRE IL KAIZEN: LA TECNICA KANBAN

Tra le tecniche della Lean Production troviamo il Kanban[7], dove Kan sta per "visuale" e "Ban" vuol dire "segnale". Questa metodologia permette di evitare la produzione di sprechi attraverso l'applicazione di cartellini fisici che consentono di produrre o movimentare dei materiali in azienda.

Al fine di programmare la produzione in maniera semplificata, viene utilizzato un cartellino capace di raggruppare tutte le informazioni necessarie ad acquisto, produzione e movimentazione dei materiali. Si tratta di un metodo efficace per automatizzare alcune fasi del processo produttivo.

---

[7] Una guida autorevole sulla metodologia Kanban è offerta da Kanban University: https://resources.kanban.university/new-to-kanban-get-the-official-guide-to-the-kanban-method/

Ci sono due grandi tipologie di Kanban

- I kanban di movimentazione o di trasporto
- I kanban di produzione

Le informazioni che si trovano su un cartellino kanban sono:

- Il quantitativo da trattare
- Il contenitore da usare
- Alcuni dettagli personalizzati
- Il codice del componente/materiale
- Il fornitore di quel materiale
- Il cliente che lo desidera
- Il tempo a disposizione per l'operazione

I cartellini kanban vengono collocati su un contenitore in cui viene inserita una certa quantità prefissata di un materiale. Dopo che la quantità si è esaurita, il cartellino viene dato al fornitore che può ripristinare i componenti consumati. Il flusso dei materiali è quindi definito "tirato" poiché la produzione di un componente è autorizzata solo a fine consumo.

Alcuni vantaggi del Kanban sono:
- Eliminazione della sovrapproduzione e degli sprechi
- Semplificazione del sistema informativo legato ai processi produttivi

LE METRICHE

La filosofia del miglioramento continuo in stile Kaizen è alla base del lean thinking: *"Pratica l'attività di Kaizen quotidianamente. Con un Kaizen al giorno la rapidità di migliorare si fa più elevata e stabilimenti e aziende cambiano più velocemente. Se ti viene in mente un'idea, sperimentala subito. Provala. In questo modo non si spende denaro inutile in investimenti per gli impianti."* (Taiichi Ohno, Kikuo Suzumura)[8].

L'abitudine di applicare il Kaizen agli aspetti della vita deve diventare parte integrante del nostro pensiero. Si rifletterà ogni giorno su un certo aspetto e si proverà a simulare dei tentativi di soluzione immediata al problema per consolidare la soluzione di miglioramento.

Il miglioramento deve essere pensato come un percorso. Il percorso di per sé è un tragitto che non sempre è lineare

---

[8] "Kikuo Suzumura (1927-1999) è stato il manager Toyota riconosciuto come il più influente nel tradurre le idee di Taiichi Ohno in elementi concreti. Sua la frase: "Non guardare con gli occhi, guarda con i piedi. Non pensare con la testa, pensa con le mani"." Da https://www.leansixsigmadefinition.com/glossary/kikuo-suzumura/

ma è comunque continuo. Il ciclo è infinito perché ciò a cui si tende è la perfezione. Per farlo, bisogna applicare la metodologia Kaizen in continuazione, ad esempio, seguendo le fasi del ciclo PDCA.

La sua continuità viene confermata dal costante cambiamento nelle preferenze dei clienti a cui un'organizzazione deve saper rispondere prontamente. Nell'applicazione ogni persona all'interno dell'azienda ha un proprio ruolo. La direzione deve saper destinare in maniera oculata le risorse umane e materiali ai vari processi produttivi. Inoltre, i manager devono saper pensare strategicamente, di modo da permettere un efficientamento sostenibile. Infine, essi devono monitorare i risultati raggiunti dagli addetti all'interno dell'organizzazione. È fondamentale che sappiano usare con maestria tutti gli strumenti messi a loro disposizione e che abbiano capito l'importanza del Kaizen a livello individuale. Fondamentale anche saper fare gruppo!

Un aspetto particolarmente importante è la formazione continua che non deve mai mancare sia a livello manageriale sia a livello operativo. In questo i leader devono saper supportare la loro squadra e capire quando è il momento di intervenire.

Doverosa è anche la continua ricerca dello spreco e la sua eliminazione per consentire una riduzione sostanziale dei costi di gestione e quindi una massimizzazione del profitto. In questo processo infinito deve essere mantenuto uno standard di qualità elevato. Il lavoro del leader deve essere quello di capire dove di trova lo spreco nel lavoro quotidiano del gemba produttivo e spingere i membri del team all'interiorizzazione del Kaizen. Per quanto ovvio, esso deve diventare una scelta consapevole e voluta da parte degli operatori e non qualcosa calato dall'alto, ovvero dalla dirigenza.

Gli operatori devono essere disposti a cambiare le loro modalità di lavoro. Ricordiamo la famosa frase di Alber Einstein secondo cui *"Non possiamo risolvere i nostri problemi con lo stesso modo di pensare che abbiamo usato per crearli"*.

All'interno di un'impresa, si identificano solitamente tre figure principali:

- gli innovatori
- i resistenti
- gli oppositori.

Gli innovatori, come indicata la parola stessa, sono tutti coloro che si dimostrano aperti al cambiamento e al futuro. Sono la parte attiva del cambiamento, da loro viene la scintilla dell'innovazione. Sono il fulcro della trasformazione tanto da poter convincere gli altri al miglioramento. I resistenti sono invece quelli che devono essere trascinati verso la trasformazione e rappresentano la maggioranza della popolazione. Hanno quindi bisogni di uno stimolo che li induca al cambiamento continuo. In ultima istanza, troviamo gli oppositori ovvero coloro i quali si concentrano solo sul passato e le vecchie abitudini, difficile da persuadere e privi di iniziativa autonoma. In molti casi, per poter indurre in queste persone la scelta verso il cambiamento bisogna creare le condizioni favorevoli oppure non lasciare loro altra scelta se non quella di cambiare.

Il leader deve avere una mentalità vincente e saper identificare coloro che si oppongono alla trasformazione aziendale, ovvero gli oppositori. Deve saperli comprendere e stimolare. Questa significa supportarli nel cambiamento attraverso delle azioni fattive, suggerendo di adottare un atteggiamento differente e stimolando un desiderio di evoluzione al nuovo. Con queste persone non bisogna mai mollare ma, come la goccia che cade incessantemente, continuare a convincerle giorno per giorno.

Il leader deve saper valorizzare tutte le sue risorse umane, ovvero tutti i membri del suo team. È fondamentale saper individuare le competenze di ognuno cioè le capacità e le conoscenze, saperle sfruttare al meglio e fornire la giusta formazione. Bisogna tener conto delle qualità personali e spronare le persone ad evolversi mediante l'esperienza, la condivisione e lo studio individuale. Il management deve creare un ambiente di lavoro costruttivo e interessante in cui i membri abbiamo la possibilità di apprendere nuove abilità e di esercitarsi. Per poter aumentare il coinvolgimento delle persone possono essere utilizzati vari metodi:

- Dare delle mansioni aggiuntive o **job enlargement**, ovvero assegnare dei compiti ulteriori alla singola risorsa. L'individuo si sentirà investito di maggiore autonomia e responsabilità e vorrà probabilmente contribuire alla realizzazione del risultato.

- La **job rotation** o rotazione dei compiti che implica una certa intercambiabilità degli individui tra le diverse mansioni con lo scopo di aumentare la flessibilità e la condivisione del sapere all'interno dell'organizzazione

- Il **team working** ovvero il fatto di organizzare il lavoro in gruppi di lavoro, anche di piccole dimensioni. Lo scopo è fare lavoro di squadra e perseguire l'obiettivo con la somma delle capacità dei singoli i quali in maniera spontanea dovrebbero collaborare tra loro e interagire. In un gruppo viene stimolata la creatività, la collaborazione e si innesca una certa competizione tra gli individui.

Nella gestione delle risorse umane, queste tecniche favoriscono l'adattabilità dell'organizzazione alle richieste del mercato e permettono di raggiungere ottime performance anche in condizioni di stress e con un limitato numero di lavoratori. Nel lean thinking, le risorse umane devono essere multifunzionali ovvero capaci di adattarsi a nuove mansioni e compiti in un tempo relativamente breve. La iper-specializzazione del lavoratore è invisa in quanto non coincide con le logiche del lean thinking.

I manager devono privilegiare quelle operazioni ad alto valore aggiunto, ridurre o eliminare gli sprechi, assumere o formare personale multifunzionale, porre standard di altissimo livello, monitorare costantemente la qualità, efficientare la produzione.

Nell'affrontare tutto ciò, il leader dovrà utilizzare gli strumenti finora esposti ovvero il ciclo di Deming per strutturare in maniera adeguata il cambiamento, il modello delle "5S" per incentivare la standardizzazione, la cultura dell'ordinato svolgimento del lavoro, della pulizia nell'ordine e della disciplina. Un'ulteriore tecnica che non deve mancare è quella delle "5Whys". Questo strumento che ricalca i mezzi dell'ambiente giornalistico, si interroga sui perché per arrivare a capire le cause delle criticità emerse. Infine, la tecnica delle "4M+E". Tale tecnica vi consente di comprendere il contesto del problema che si è generato. Con 4M si intendono: gli uomini (Men), le macchine (Machine), i materiali (Material), i metodi (Method) mentre la E sta per ambiente (Environment). Molto spesso, si utilizzano le 4M+E per creare i diagrammi di causa ed effetto, come per esempio il digramma di Ishikawa o a spina di pesce. Il diagramma Fish bone[9] aiuta a indentificare un problema, le cause e le possibili soluzioni, facilitando il processo di analisi. Con una rappresentazione semplificata della realtà sarà più semplice identificare le opportunità di miglioramento e applicarle. Questo strumento rappresenta una metrica

---

[9] Un esempio concreto dell'uso del diagramma Fish bone è disponibile qui: "Fishbone diagram for Coca Cola's bottling plants" https://ivypanda.com/essays/coca-cola-companys-global-supply-chain-and-quality-problems/
In questo articolo si commenta l'utilizzo da parte di Coca Cola HSBC del famoso diagramma.

importante per monitorare il cambiamento ed imparare a fare impresa. *"Se non si può misurare qualcosa, non si può migliorarla."* (William Thomson Kelvin)[10] è una frase da tenere sempre a mente quando si vuole puntare al successo della propria organizzazione.

Per prima cosa, bisogna valutare il gemba produttivo ovvero dalla postazione di lavoro. Mediante degli specifici Key Performance Indicator, è possibile valutare il gap intercorrente tra lo status attuale e le attese condivise di miglioramento continuo. I KPI rappresentano degli indicatori numerici quantitativi e quindi, per loro natura, oggettivi. Non sono quindi qualcosa di qualitativo. Il loro utilizzo viene impiegato per gestire e monitorare il progresso in azienda in quanto i numeri sono tangibili. Molto comune in ambito aziendale, è l'associazione tra KPI e indicatori semaforici che, a colpo d'occhio, possano dare una visione del risultato raggiunto. Quando si è lontano dall'obiettivo settato si accende la luce rossa del semaforo, dato dal KPI scelto. Ciò permette al top management di prendere per tempo la decisione giusta e di intervenire ai primi segnali di allarme. In questo senso, capiamo quanto divenga importante il monitoraggio dei risultati e la raccolta di dati ed informazioni dai vari livelli aziendali.

---

[10] Fisico noto per gli studi sulla teoria dinamica del calore e teoria dinamica dell'elettricità e del magnetismo.
https://www.aif.it/fisico/biografia-william-thomson/

La scelta del KPI deve essere coerente con gli obiettivi prefissati e il KPI può anche essere costruito a priori. Essi devono avere determinate caratteristiche e più precisamente, devono essere quantificabili, utili, adeguati ai processi aziendali, direzionali e decisionali (capaci di indirizzare i manager verso la giusta rotta), operativi (coerenti rispetto all'operatività quotidiana del gemba produttivo), puntuali (di facile misurazione), prossimi ai gemba ovvero alla loro attività. Il KPI deve richiamare nella sua definizione l'obiettivo che intende valutare.

Ai KPI spesso di collegano schemi di incentivazione e retribuzione delle risorse umane. Ciò viene fatto per stimolare il coinvolgimento nel raggiungimento dei risultati, legando una parte della retribuzione variabile alle performance individuali o di gruppo. Si incentiva allo stesso tempo il lavoro di squadra e la competitività. Se si collegano i KPI con cui si monitorano la trasformazione aziendale alle retribuzioni dei dipendenti, si incoraggia il cambiamento aziendale.

È inoltre fondamentale prevedere, a livello retributivo, la possibilità di premiare quelle persone che si sforzano di ottenere nuove competenze, coloro che volontariamente scelgono la via del cambiamento continuo attraverso corsi di formazione ulteriori e anche coloro che si impegnano nella creazione di un gruppo coeso. La capacità di raggiungere performance in gruppo va premiata, nella stessa misura con cui si elogia il lavoro individuale. Come ben sappiamo, la performance del team si nutre di creatività e della relazione esistente tra i suoi membri. Per questa ragione, il riconoscimento del lavoro di squadra è la giusta ricompensa che può offrire l'incentivo a fare meglio in futuro.

Quando si parla di riconoscimento si pensa subito a quello di carattere economico ma il termine non si riferisce necessariamente solo a questo aspetto. La ricompensa può essere anche di atro tipo.

I successi vanno celebrati e anche condivisi sia all'interno del team di lavoro sia all'esterno per darne visibilità. Ciò rappresenterà l'occasione per sensibilizzare chi non ha partecipato al progetto verso la metodologia Kaizen e stimolerà una naturale curiosità. Dunque, il sistema di incentivazione e retribuzione deve essere orientato al cambiamento e premiare gli innovatori, ovvero quelli che apportano dei suggerimenti di valore all'interno dell'organizzazione. Si deve gratificare coloro che si espongono al cambiamento e cercano di modificare una prassi consolidata nel tempo.

Il leader deve essere in grado di integrare nei suoi atteggiamenti il seme dell'innovazione, essere propositivo, promuovere eventi Kaizen, incentivare le proprie risorse e sostenere la cultura del miglioramento incrementale a tutti i livelli. Il miglioramento personale e aziendale deve essere una priorità al pari degli altri obiettivi di business, se si vuole arrivare al successo.

Nel momento in cui si affronta una trasformazione lean si deve programmare le attività di miglioramento, prevedere dei meetings di monitoraggio, individuare delle figure di sintesi tra i membri del team, valutare il livello di consapevolezza che si è stati in grado di generare nel gemba produttivo, valutare le performance nel medio e lungo periodo.

In particolare, la direzione deve partecipare attivamente ed alimentare la passione verso la metodologia Kaizen tendendo alla perfezione. Benché la perfezione non esista, essa rappresenta una condizione ideale a cui ambire. Si raggiungeranno degli stadi intermedi perfettibili nel tempo, giorno dopo giorno, secondo un percorso di perfezionamento continuo di individuazione dei problemi, applicazione della tecnica Kaizen, valutazione dei risultati finali.

I CASI DI SUCCESSO

A chiusura di questa trattazione, verranno inseriti alcuni casi di successo per far comprendere come l'applicazione di questa filosofia orientale possa aver contribuito al successo di imprese operanti in settori eterogenei. I risultati ottenuti da queste imprese non sono esclusivamente di natura economica, ma anche di soddisfazione del cliente, posizionamento nel settore di riferimento, coinvolgimento dei lavoratori e creazione di un ambiente di lavoro sano e produttivo. La misura del successo, infatti, non deve essere ricercata solo nel profitto ma anche in tutte le condizioni capace di assicurare la sopravvivenza dell'azienda nel lungo periodo rispetto ai principali competitors.

Partiamo analizzando il settore sanitario, per parlare del Department of Emergency Medicine at Vanderbilt University Medical Center[11].

---

[11] Si veda a questo proposito: "Kaizen: a method of process improvement in the emergency department" tratto da https://pubmed.ncbi.nlm.nih.gov/20053258/

A partire dal 2009, alcune istituzioni sanitarie dello stesso livello di quella sopra indicata, avevano introdotto strategie di miglioramento del tutto paritetiche alla tecnica del Kaizen: si trattava di un processo di miglioramento dei processi aziendali continuato, attuato con migliorie di piccole proporzioni a basso costo e a rischio ridotto (CQI, Continous Quality Improvement). Fu così che si capii come l'ambito sanitario potesse essere interessato dall'applicazione delle metodologie Kaizen. L'ambiente della salute poteva essere migliorato non per il tramite di interventi rivoluzionari e molto costosi ma in maniera del tutto nuova, ovvero con migliorie piccole ed economiche. In particolare, tali miglioramenti potevano essere implementati facilmente, spingendo i medici a fornire il loro contributo e sperimentare soluzione sempre nuove. Il programma fu strutturato in modo da coinvolgere il personale con contenuti costi operativi e si articolò in 4 anni di lavori, suddivisi in parecchi step:

1) Pretracker phase: in questa fase, i medici e tutto il personale furono formati sui principi del Kaizen, la sua storia, la metodologia di applicazione e le tecniche. Venne proposta la lettura del libro di Masaaki Imai, "Kaizen: The Key to Japan's Competitive Success". Venne quindi stilato un Kaizen program in cui fosse possibile per ogni medico o addetto della struttura presentare dei suggerimenti e delle idee innovative di

miglioramento ("Iniziative Kaizen"), mediante l'accesso a un portale creato in funzione del programma ("Portale Kaizen"). Questo tipo di tracking dell'iniziativa fu molto importante perché ad ogni suggerimento veniva inviata una mail agli amministratori, onde consentire una sorta di tutoraggio. Il coinvolgimento del personale sanitario crebbe nel tempo e si scoprirono numerose aree che potevano migliorare immediatamente con l'uso del Kaizen. Il metodo seguito non era del tutto efficiente e adatto.

2) Tracker phase: con lo scopo di superare le iniziali inefficienze e la disorganizzazione evidenziata si progettò una seconda applicazione web chiamata ("Kaizen Tracker"). Tale app consentiva di attribuire un'etichetta di classificazione ad ogni specifica iniziativa ("cardiologia", "chirurgia generale", "farmacia", "radiologia", ecc..) Il tracciamento consentiva al personale medico di visualizzare gli inserimenti fatti da altri di modo da evitare duplicazioni di segnalazioni ed eliminare le inefficienze del primo portale. Alcune delle iniziative venivano implementate subito altre invece venivano rifiutate ma, in ogni caso di

rifiuto, veniva fornita una motivazioni in sede di riunione mensile, piuttosto che attraverso il portale in formato elettronico. Tutte i suggerimenti Kaizen ottennero risposta perché ognuno veniva "pesato" con lo stesso valore. L'informazione circa lo stato dell'implementazione dell'iniziativa veniva sempre assicurata.

3) Data Collection and Analysis: venne condotto un'analisi sulle tipologie di iniziative Kaizen presentate che avevano condotto a risultati significativi come per esempio l'implementazione della comunicazione, l'acquisto di nuovi macchinari ed apparecchiature e un generale efficientamento del flusso di lavoro (le modifiche al processo operativo furono il 53% di tutte le iniziative suggerite dai medici).

L'applicazione del metodo Kaizen presso il Department of Emergency Medicine at Vanderbilt University Medical Center consentii di apportare ben 400 cambiamenti nel Dipartimento di Emergenza e ebbe dei risultati sorprendenti in termini di soddisfazione dei pazienti e degli operatori.

In ultima istanza, possiamo sostenere che il Kaizen e tutti i suoi principi consentono a un'impresa di effettuare un percorso di miglioramento anche in settori dove apparentemente sembrerebbe più adeguata una rivoluzione a nuovo di ingenti proporzioni. Ciò è possibile attraverso la riduzione dello spreco e la riduzione dei costi connessi. Per approfondire questa affermazione faccio riferimento ad un articolo della scrittrice Boca Gratiela Dana della North University Baia Mare della Romania[12] del 2011 in cui la stessa osserva come la tendenza ad acquistare prodotti green non è solo una moda ma una modalità di business sostenibile ed economicamente vantaggiosa. La gestione di un business green contribuisce al benessere dell'ambiente ma consente allo stesso tempo di risparmiare risorse, denaro, riserve ed elimina lo spreco. Molte persone, a diversi livelli, si interessano di queste tematiche e capiscono l'importanza di non impattare negativamente sull'ambiente. Ciò conduce gli imprenditori ad uno sforzo creativo per adattare le loro organizzazioni ai nuovi trend e alla nuova richiesta proveniente dal mercato. Non si tratta solo di rispettare le normative ambientali ma di produrre a monte in modo green e sostenibile, cambiando i processi produttivi. Il riciclaggio delle cose è solo una parte della mentalità green, una sorta di tassello che vede coinvolti i consumatori mentre produrre green implica un impegno dei produttori e di tutta la catena distributiva. I produttori devono ridurre gli sprechi in un'ottica "verde" per tendere

---

[12] "Gratiela D. Boca, "Translating Product Life Cycle Knowledge into the Improvement Product Matrix," Proceedings of the 18th International Business Information Management Association (IBIMA), ISBN: 978-0-9821489-7-6, 9- 10 May 2011, Istanbul, Turkey, p 1006-1016."

ad una produzione ecosostenibile e pulita e, al contempo, aver risultati economicamente vantaggiosi. Il Kaizen è la filosofia giusta perché il lavoro si svolga in questo ordinato, logico, efficiente, pulito e anche green. Inoltre, coinvolgendo tutti i livelli dell'organizzazione, dall'alta direzione ai dipendenti e collaboratori fornisce una garanzia in termini di risultati.

Il vantaggio competitivo sarà acquisito puntando sulla ricerca della qualità, sull'ottimizzazione della struttura dei costi, sulla riduzione degli sprechi e la massimizzazione dei profitti. I difetti qualitativi saranno scovati per il tramite di diagrammi "Fishbone" o di causa-effetto, o con il Modello delle 5S, o con Il Gemba Kaizen. L'idea di base è che i miglioramenti qualitativi che consentono di eliminare i difetti possano essere facili da introdurre e avere un costo limitato con conseguenze positive sull'intero processo produttivo. Gli sprechi sono classificabili in tre differenti tipologie che il Kaizen definisce "muri", ovvero sprechi nel design, "mura", cioè sprechi in fase di implementazione e "muda", ovvero sprechi nello svolgimento delle attività. L'individuazione dei difetti è un compito manageriale a tutti gli effetti. Possono essere problematiche legate al trasporto, metodi inefficienti nel processo produttivo, sottoproduzione di alcuni settori e sovrapproduzione di altri, ecc.

Il Kaizen è una metodologia efficace ed efficiente per generare cambiamenti nelle attività operative di un processo produttivo attraverso miglioramenti incrementali basati sui concetti della "produzione snella" (diminuzione dei difetti, incremento della qualità, costi bassi, regolarità nelle spedizioni).

Approfondiamo quindi un settore totalmente differente in cui la tecnica del Kaizen è stata usata con molto successo, ovvero il settore automobilistico.

La pressione indotta dalla competizione crescente ha portato le case automobilistiche a puntare sulla diminuzione dei costi operativi e sul risparmio. La scelta di produrre in modo "snello" è una conquista recente che risponde alla necessità di avere alta qualità, eccellente produttività ed eliminazione degli sprechi. Tale realtà produttiva ha sostituito il precedente metodo di lavoro, caratterizzato da scarsa sicurezza e salute dei lavoratori e delle postazioni di lavoro.

Come già abbiamo accennato all'inizio della trattazione, ebbe origine in Giappone per opera dell'ingegnere giapponese Toyota il quale, dopo aver a lungo studiato l'impianto di produzione della famosa e grande Ford, concluse che la produzione di massa non era adatta al Giappone e alle sue peculiarità. Si ingegnò a realizzare un proprio sistema di produzione che prese il nome di "sistema di produzione toyota" o "produzione snella". A seguire, si diffuse la cultura del Kaizen come cultura del miglioramento continuo tale da non dover sacrificare il benessere lavorativo.

La metodologia divenne famosa in molti paesi e, a livello universitario, sono stati condotti numerosi studi sulla sua applicazione. Tra questi, possiamo citare lo studio realizzato dai professori di alcune università brasiliane,

Leandro Vieira, Giles Balbinotti, Adriano Varasquin e Leila Gontijo che hanno effettuato una ricerca in una fabbrica di auto brasiliana.[13] La stessa aveva introdotto un sistema di produzione snello (modello delle "5 S", standardizzazione, "learning by doing, training, experimenting", Kaizen, checks sulla qualità.).

Lo studio fu realizzato attraverso la somministrazione di un sondaggio in una fabbrica di 4000 dipendenti e 3000 dipendenti di imprese esterne con lo scopo di capire il grado di conoscenza dei processi produttivi su cui queste persone erano impiegate. L'analisi dei questionari rivelò che il miglioramento delle condizioni di lavoro comportava minor stress e insoddisfazione negli operatori: l'assenteismo calò drasticamente negli anni dal 14,88% al 3,03%, a seguito anche di una riorganizzazione delle attività; la percentuale di incidenti, calcolata con riferimento agli incidenti verificatisi nel corso delle ore lavorative si ridusse, dal 10,75% al 3,94%; ci fu un sensibile miglioramento della produttività e delle condizioni di lavoro degli addetti. Corrispondentemente ci fu una sensibile riduzione dei costi e un costante flusso di suggerimenti per la creazione di nuovi prodotti, anche migliori rispetto ai principali concorrenti. I suggerimenti provennero dagli stessi addetti, incentivati da un ambiente lavorativo più salubre e stimolante.

---

[13] "Ergonomics and Kaizen as strategies for competitiveness: a theoretical and practical in an automotive industry" disponibile qui: https://content.iospress.com/articles/work/wor0381

In sostanza, si può affermare che l'approccio produttivo del Kaizen ha permesso di ottenere risultati eccellenti e costanti. Ne è un esempio il caso di Assa Abloy Romania,[14] gruppo giovane e dinamico nato nel 1994 dall'unione di due società e operante nel settore della produzione di, cilindri, serrature, prodotti elettromeccanici, porte blindate e serramenti in molti paesi del mondo. Leader di settore, in particolare in Svezia e Finlandia, decise di acquistare tutti i competitors locali, regionali e continentali del loro campo. Nel mercato rumeno, la società "Urbis" di appartenenza statale di lungo corso fu comprata da Assa Abloy e convertita a produrre secondo il modello di casa madre. Con l'introduzione di migliorie tecnologiche e lo sviluppo in nuovi mercati, il coinvolgimento dei lavoratori migliorò ma non in modo così eclatante. Dopo parecchi anni di stallo, in cui i risultati economici erano inferiori alle attese, si ebbe la svolta nel 2008 con la sostituzione del direttore generale. L'obiettivo era procedere alla ricostruzione del business e della reputazione aziendale sul mercato. Lo strumento scelto fu quella della produzione snella delle attività. Dopo un primo round di confronto con il top management della società, individuò i punti di forza e di debolezza, le opportunità e le minacce dell'impresa. Capii inoltre la predisposizione dei manager

---

[14] Si veda a questo proposito l'articolo della stessa società: "Kaizen initiative has significant effect" disponibile qui: https://www.assaabloyopeningsolutions.ro/en/sustainability/sustaina bility-news-and-cases/kaizen-initiative-has-significant-effect/

ad applicare il cambiamento e l'innovazione. Ne seguì la scelta di implementare una nuova strategia sulla base dei principi del Kaizen e della produzione snella.

Come primo intervento, fu deciso di puntare sulla formazione manageriale, specificatamente indirizzata ai manager perché potessero fare da "apri-pista" ai concetti fondamentali per il personale della società. Furono indottrinati sulla metodologia e le tecniche più rilevanti tramite training sessions specifiche ed esempi.

Dal lato delle vendite, la performance fu molto positiva, passando da 4 milioni di euro di ricavi a 22 milioni nel 2014.

Durante l'implementazione del Kaizen, fu data ampio risalto alla diffusione dei concetti inerenti alla produzione "snella" e il modello delle "5 S", ottenendo un miglioramento delle performance.

Il processo, tuttavia, non deve essere considerato easy in quanto per la buona riuscita del Kaizen è strettamente necessario avere:

- Una leadership adeguata
- Impegno costante
- Cambiamento della forma mentis

Anche a livello universitario, alcuni professori messicani hanno condotto degli studi per valutare l'importanza di una guida forte all'interno dell'organizzazione nel momento in cui si applica il Kaizen. Nel 2016, Jorge Luis Garcia Alcaraz, Aidè Aracely Maldonado Macìas e

Valeria Martìnez Loya[15] hanno effettuato un esperimento sottoponendo un questionario agli operatori delle imprese del Tobasco, Baja California, Sinaloa e Chihuahua, per testare quali fossero le conseguenze dell'effort della dirigenza e della formazione professionale dei lavoratori sui vantaggi ottenuti dall'implementazione del Kaizen, durante la fase di progettazione negli stabilimenti industriali messicani.

L'analisi dei dati dimostrò che:

- Avere una leadership forte e decisa e manager preparati è la chiave per il successo nell'applicazione del Kaizen. L'importanza dell'impegno manageriale deriva dagli effetti benefici a livello professionale e umano sulle risorse umane sottoposte e si riflette in promettenti risultati economici, sostenibili anche a lungo termine.

- La formazione delle risorse umane è un requisito imprescindibile e la pianificazione è essenziale quanto la riduzione dello spreco. Avere una formazione continua dei dipendenti si traduce in un vantaggio competitivo rispetto ai competitors. Sono i lavoratori il vero fulcro del cambiamento e dell'innovazione e, più in generale, dell'impresa. La soddisfazione dei lavoratori impatta in maniera positiva sulla

---

[15] Liliana Avelar – Sosa, Jorge Luis Garcia-Alcaraz, Aidé Aracely Maldonado Macìas, "Evaluation of Supply Chain Performance", Springer.

produttività e sulla soddisfazione del cliente finale.

CONCLUSIONI

In questa trattazione, siamo partiti analizzando i principi fondamentali del Kaizen, le sue origini fino ad arrivare alle applicazione moderne. Abbiamo capito insieme come questa filosofia orientale possa essere utile non solo a livello individuale ma anche applicabile nella gestione delle risorse umane, siano esse piccoli gruppi o grandi realtà industriali. Come visto abbondantemente, anche per il tramite di casi reali, il Kaizen rappresenta uno strumento a disposizione dell'imprenditore per ridare nuova vita alla propria organizzazione. Si tratta di adottare la via che in apparenza sembra avere meno appeal, ovvero quella del cambiamento incrementale e continuo. Si è visto che tale logica non riguarda solo le singole attività o i singoli individui ma è applicabile ad ogni processo ed estendibile ad ogni settore produttivo. La possibilità di applicare la metodologia Kaizen su vasta scala è intrinseca nel metodo e nei principi utilizzati in quanto adattabili e fruibili in condizioni e ambienti diversi. Più che un metodo, si può parlare del Kaizen come una filosofia di vita e un modus operandi.

Ciò che promette, mantiene. Ne abbiamo, infatti, visto i risultati in termini economici e non solo in più di un caso nel modo. Si pensi a questo proposito, alle applicazioni del Kaizen in campo psicologico, piuttosto allo sviluppo delle dottrine manageriali.

Il Kaizen ha ampiamente dimostrato la sua efficacia a livello personale e professionale, anche rispetto alle filosofie manageriali di stampo occidentale. Esso può rappresentare, se correttamente applicato e monitorato nel breve, medio e lungo periodo, una nuova soluzione strategica per poter affrontare le sfide della competitività globale. In particolare, permette un recupero in termini di competitività attraverso l'eliminazione dello spreco e un processo evolutivo a piccoli passi.

Si è passati dall'orientalizzazione del mondo (pensiamo al cibo, al modo di vestire, alle filosofie) ad una progressiva integrazione della filosofia giapponese all'interno dei modelli organizzativi e della cultura d'impresa. La necessità di giungere ad una fusione del mondo orientale e occidentale può essere vista come una strategia che sia le piccole medie imprese sia le multinazionali possono adottare per reagire alle sfide globali e alla digitalizzazione. Per raggiungere questo importante traguardo, è necessaria una certa rivalutazione dell'individuo nel nostro mondo occidentale. Gli operatori spesso lavorano in condizioni di scarso benessere, legati da relazioni di falsa collaborazione, in ambienti ostili, con regole che sono scarsamente comprese. Si deve, quindi, puntare alla costruzione di contesti lavorativi sereni, di crescita personale e professionale nonché dinamici. Per farlo, si suggerisce di prender spunto dalle filosofie orientale, dallo scintoismo e dal Kaizen. Questa metodologia rappresenta la scelta più naturale e idonea per realizzare il cambiamento organizzativo e dotarsi di strumenti efficaci e efficienti. La scelta del Kaizen non deve però essere imposta dall'alto ma suggerita dal top management che deve dare il buon esempio attraverso eventi Kaizen e con la condivisione dei risultati di processo all'interno e fuori del team di lavoro. In questo senso, il Kaizen deve diventare parte integrante della cultura aziendale e un asset da tutelare.

Attraverso il coaching, il leader si rende responsabile dello sviluppo e della direzione dei suoi collaboratori, proprio nel momento dell'evoluzione organizzativa. All'intero delle relazioni di mentoring, il mentore è rappresentato dal collaboratore più anziano con maggior expertise che supporta qualcuno con meno skills a destreggiarsi nell'organizzazione. Alcune imprese hanno programmi di mentoring formali, in cui i mentori vengono assegnati specificatamente ad ognuno dei junior ma, nella maggior parte dei casi, il mentoring può essere informale, ovvero sulla base delle necessità contingenti delle parti. Il mentoring può avere un valore speciale nel Kaizen per tutti coloro che hanno bisogno di essere supportati nella comprensione dei suoi principi. Grazie al mentore, essi possono infatti interiorizzare la cultura del Kaizen oltre che avere qualcuno che sostenga i loro suggerimenti sulle nuove idee, provenienti dall'applicazione del Kaizen. Questo metodo consolida la cultura organizzativa e incrementa la qualità dei processi produttivi. Se per esempio, uno dei risultati voluti è quello di ottenere un cambiamento incrementale nelle attività produttive, i manager senior possono influenzare e indottrinare alla metodologia Kaizen i manager di medio livello, mettendo in atto i giusti comportamenti. Un altro programma utile alla diffusione di tale filosofia orientale è il counseling che aiuta il singolo ad affrontare lo stress del cambiamento. Il counseling è un processo di interazione tra l'esperto e la singola persona, con un focus sui problemi individuali con lo scopo di stimolare la crescita e l'apprendimento del Kaizen. È utile per affrontare i momenti di scarsa autostima e auto-efficacia. Inoltre, è diventato un processo importante nelle fasi di ristrettezza di personale e di alta competitività. Il counseling può aiutare nel profondo l'individuo ad applicare le basi del Kaizen e cioè spronarlo verso il cambiamento organizzativo o può essere un approccio che ha come obiettivo provocare una variazione della personalità. In questo caso, nel counseling i manager devono rinforzare l'attitudine della persona al cambiamento e accrescere la fiducia del team verso il raggiungimento degli obiettivi.

I cambiamenti che il Kaizen prevede richiedono il coinvolgimento dei differenti gruppi all'interno dell'organizzazione: team interfunzionali, team di progetto, gruppo di dirigenti. In questo contesto, è fondamentale che si inneschino processi di identificazione con il prossimo, coesione sociale, positiva competizione interna. Anche all'interno dei gruppi, è necessario dotarsi di processi formativi in cui sia possibile per i partecipanti praticare i nuovi comportamenti e competenze. In questo contesto, sono utili le simulazioni dell'ambiente di lavoro e role playing. Infine, i collaboratori dovrebbero conoscere i risultati della formazione. È importante inoltre eliminare le "barriere" che si insinuano nel contesto lavorativo, come per esempio la riluttanza ne management intermedio.

Il team building richiede tempo, risorse e tenacia nel medio termine. Bisogna migliorare le dinamiche del gruppo e le relazioni nel top management. L'auto analisi è di grandissimo aiuto in quanto motiva il gruppo al cambiamento in stile Kaizen. Quindi il gruppo propone nuovi obbiettivi per realizzare le soluzioni individuate e si auto coinvolge.

Il miglioramento continuo comporta un cambiamento organizzativo che diventa nel tempo un fenomeno pervasivo nell'organizzazione. Il perfezionamento dei processi produttivi è la risposta agli stimoli esterni ed interni. Alle volte il miglioramento sorge dai risultati economici insoddisfacenti, mentre in altri casi la spinta proviene dalle caratteristiche delle persone.

Per seguire l'applicazione della filosofia Kaizen il delayering è la strada migliore in quanto consiste in un appiattimento della gerarchia con impatto positivo sui corsi di struttura. Il cambiamento viene quindi assimilato ad un processo di scongelamento dello status quo (equilibrio) che causa una trasformazione. Per spingere verso il miglioramento continuo si deve abbattere le resistenze al rinnovo che possono interessare sia i dipendenti sia i dirigenti. Le leve da poter utilizzare per l'applicazione della metodologia Kaizen sono:

- il contesto
- i processi organizzativi
- il management
- la cultura
- il team building

Se nelle battute precedenti abbiamo parlato di come creare uno spirito di squadra, è fondamentale ricordare che l'organizzazione è immersa in un mercato di riferimento di cui deve conoscere le dinamiche e le regole. L'apprendimento della metodologia Kaizen può aiutare ad adattarsi o reagire ad un mercato fortemente competitivo.

Per sostenere l'evoluzione dei processi produttivi si richiedono solide capacità manageriali, di gestione, di change management, secondo una prospettiva sistemica. Ciò significa considerare opportunità e minacce di ogni leva che influenza il cambiamento.

Come abbiamo ampiamente dimostrato, la cultura aziendale deve divenire espressione dei valori del Kaizen e qualificare una nuova identità organizzativa. Alcuni aspetti fondamentali della cultura organizzativa in stile Kaizen sono proprio la creazione di relazioni di fiducia e la comunicazione. Il contratto psicologico deve essere cambiato in maniera graduale senza inficiare l'autostima dei lavoratori.

Per essere efficace un processo di cambiamento richiede ai membri dell'organizzazione di vedersi come parte di un team. Ne consegue la necessità di sviluppare atteggiamenti di cooperazione e collaborazione tra i membri del gruppo che possono favorire l'applicazione della metodologia Kaizen, la quale può essere ragionevolmente considerata una garanzia per il successo aziendale.

* 9 7 9 8 7 1 6 6 8 4 0 3 4 *